जितने धागे उतनी गिरहें

(कविता-संग्रह)

जितने धागे उतनी गिरहें

अनमोल खत्री

हिन्द युग्म
hindyugm.com
BLUE

ISBN : 978-81-953529-4-4

प्रकाशक:
हिंद युग्म ब्लू
सी-31, सेक्टर-20, नोएडा (उ.प्र.)-201301
फ़ोन- +91-120-4374046

मुद्रक : श्री मैत्रे प्रिंटेक प्रा. लि., ए-84, सेक्टर-2, नोएडा
कला-निर्देशन : विजेन्द्र एस विज

पहला संस्करण : 2021
मूल्य : ₹150

Jitne Dhaage Utni Girahein
A collection of poems by *Anmol Khatri*

Published By
Hind Yugm Blue
C-31, Sector-20, Noida (UP)-201301
Phone- +91-120-4374046
Email : sampadak@hindyugm.com
Website : www.hindyugm.com

First Edition : 2021
Price : ₹150

समस्त भाषाओं के सभी कवियों को समर्पित!

प्रस्तावना

इससे पहले कि आप मेरा लिखा पढ़ें, मैं सबको बता देना चाहता हूँ कि अनमोल सर के मेरे प्रस्तावना लिखने के प्रश्न पर मेरा यही उत्तर था कि मैं इस लायक़ नहीं हूँ। मगर हर बार की तरह, एक बार फिर अनमोल सर ने मुझ पर भरोसा दिखाया और एक बार फिर मुझे जीत लिया।

अनमोल सर के बारे में कहने को इतना कुछ है, मगर लगने लगता है कि मेरा शब्दकोश उनके बारे में लिखने लायक़ नहीं। मुझे हमेशा से भूगोल ख़ासा नापसंद था, वहीं इतिहास पढ़ने और जीने में ख़ासा रुचि रही है। मुझे साफ़ याद है, हमारी एक वार्तालाप में अनमोल सर ने शब्दों के जन्म और लहजे को समझाते हुए मुझे बताया था कि किस तरह हज़ारों वर्षों से नदियाँ बढ़ती/ढलती गईं, रास्ते बदलती गईं, उनके आस-पास सभ्यताएँ बनती चली गईं और कैसे अफ़ग़ान से चले एक शब्द का उच्चारण और उसे कहने का लहजा अफ़ग़ानिस्तान से पंजाब होते हुए पूरे उत्तरी भारत में संशोधित होता चला गया।

बस कुछ मिनटों की हमारी बात में अनमोल सर ने भूगोल, इतिहास और हिंदी, सब में मेरी रुचि को कई गुना बढ़ा दिया। मैं समझने लगा कि इस नज़रिए से देखा जाए तो हम सब वास्तव में एक जैसे हैं, एक जैसी ज़रूरतों और एक जैसी भाषाओं से जन्मे हैं। आसानी से लगने लगा कि हिंदी बोलने वाला पंजाबी सीख सकता है, यूट्यूब पर कोक स्टूडियो पाकिस्तान को देखकर न जाने कितने नए गीत समझ सकता है, पश्तो में लिखे ग्रंथों को उनकी वास्तविक भाषा में पढ़ सकता है।

अनमोल सर की यही अनमोल ख़ासियत है कि बिना कोशिश किए ही उनका ज्ञान, भाषाओं की उनकी समझ और हिंदी कविताओं के प्रति उनका समर्पण, बस कुछ ही मिनटों में जाने कितना अमर कर जाता है। मुझे पूरा

विश्वास है कि इस किताब के आने वाले पन्नों की एक-एक कविता का मुझ पर और हर पाठक पर कुछ ऐसा ही असर होगा।

कुछ लोग लहर होते हैं, कुछ गहराई, मेरे लिए श्री अनमोल खत्री सर पूरा का पूरा एक समंदर हैं, और ऐसे समंदरों में ग़ोता लगाने का सौभाग्य सबको नहीं मिलता।

धन्यवाद सर, एक भाई और एक दोस्त बनने के लिए।

छोटा भाई
अपूर्व पांडेय
Integrated MSc Tech in Applied Geology, IIT (ISM)
Dhanbad
Current Job: Assistant Manager in Coal India Limited
Author of book: इतवार (Poetry Collection)

कविताओं से पहले

पहला धन्यवाद मेरी माँ को, जिन्होंने मेरी भाषा की समझ विकसित की। मेरे पूर्वज 1947 के विभाजन के बाद भारत आए। मेरे घर में पश्चिमी (लहंदी) पंजाबी का एक लहजा बोला जाता है। अधिकतर में देखता हूँ कि जब लोग या परिवार अपनी जड़ों से दूर हो जाते हैं तो भाषा से गहराई चली जाती है, पर मेरी माँ के साथ ऐसा नहीं है। वो बहुत अच्छे शब्दकोष के साथ अपनी मातृभाषा बोलती हैं, लफ़्ज़ों को बरतने का ढंग मैंने उन्हीं से सीखा है।

दूसरा धन्यवाद मेरे पिता को, जिन्होंने हिंदी की ओर मेरा रुझान बढ़ाया। कविताएँ मेरे जीवन में बाद में आईं लेकिन उससे बहुत पहले से मुझे नाटक/एकांकी लिखने का शौक़ था। बचपन में जब पहली बार 10 मिनट की एकांकी लिखकर पापा को पढ़ाई तो वो बहुत ख़ुश हुए और उसमें सुधार के बहुत से सुझाव भी दिए। मेरे प्रारंभिक लेखन में सुधार करने का पूरा श्रेय उनको जाता है। बाद में जब मैं कॉलेज पहुँचा तो ख़त लिखने की अपनी आदत के चलते वो भी मुझे ख़त लिखने लगे। कॉलेज में उनके भेजे हुए ख़त आज तक मैंने सहेजकर रखे हैं। जब कभी उन्हें पढ़ता हूँ तो एहसास होता है कि मेरे विचारों पर उनका कितना गहरा असर है।

तीसरा धन्यवाद मेरे शिक्षकों का, जिन्होंने मेरी योग्यता को हमेशा वास्तविक से ज़्यादा आँका और अंततः मेरे पास उनकी आशाओं पर खरा उतरने के सिवाय चारा नहीं था। बचपन में बाल कवि सम्मेलन में मेरे विद्यालय की तरफ़ से मुझे आगे कर देना, स्वतंत्रता दिवस और गणतंत्र दिवस के मौक़े पर मेरे लिखे नाटकों/भाषणों को हमेशा प्रोत्साहन देना। ऐसे कई अवसर हैं जब मेरे शिक्षकों ने मुझ पर भरोसा जताया। मेरी एक अध्यापिका जिनका नाम अर्चना था, उनका मैं विशेष रूप से धन्यवाद देना चाहूँगा जिन्होंने

मेरी हिंदी की जानकारी का कायाकल्प किया।

चौथा धन्यवाद मेरे सभी सहोदर, अग्रज एवं अनुज लेखकों/कवियों का, जिनके सान्निध्य से मेरी कविता की समझ विकसित हुई और मेरा परिचय भिन्न-भिन्न विधाओं एवं शैलियों से हुआ। कभी-कभी मुझे लगता है कि मेरी योग्यता से अधिक योग्य लोगों के बीच बैठने और उनका नेतृत्व करने का अवसर मुझे मिलता रहा, इसलिए उन लोगों के अनुभवों से मैं और अधिक धनी होता चला गया। इन सबमें विशेष धन्यवाद मेरे कॉलेज के हिंदी परिवार (चयनिका संघ) का, जिससे मुझे मित्रों के रूप में न जाने कितने रत्न प्राप्त हुए जिन्हें मैं जीवन भर संजो के रखना चाहता हूँ।

यह पुस्तक मेरे अब तक के जीवन का दर्पण है। 17-18 वर्ष की आयु से आज तक की लिखी गई जो भी कविताएँ मुझे प्रकाशन योग्य लगीं, यह पुस्तक उनका संकलन है। इन कविताओं को मैंने चार खंडों में बाँटा है- स्पंदन, दर्पण, क्रंदन और चंदन। स्पंदन में शृंगार की कविताएँ हैं, श्वासों की झंकृति की कविताएँ हैं, अपने स्वर के सृष्टि के स्वर के मिलन की कविताएँ हैं। दर्पण में समाज को आईना दिखाने वाली कविताएँ हैं जिनके लिए कभी तल्ख़ शब्दों का तो कभी हास्य-व्यंग्य का सहारा लिया गया है। क्रंदन में मेरा स्वयं से संवाद है, कभी रौद्र, कभी करुण और कभी वीभत्स भी। चंदन में कुछ नज़्में और कुछ गीत हैं। मेरे अब तक के जीवन में जितने पड़ाव हैं उन्हें सारगर्भित रूप में मैंने इस पुस्तक में बताने की कोशिश की है।

जाते-जाते अंतिम धन्यवाद उन सभी कवियों का जो मुझसे पहले आए। हर कवि की चेतना उसके काव्य में झलकती है और शायद कविता चेतना की उसी ज्योति का स्थानांतरण है। कोई व्यक्ति जिससे आप कभी मिले नहीं हों, जो आपसे दशकों या फिर शताब्दियों पहले जन्मा हो लेकिन उसका लिखा यदि आपको अंदर से झकझोर कर रख दे तो अमरत्व का इससे बड़ा कोई उदाहरण नहीं है। जैसा कि दुष्यंत कुमार कहते हैं-

मेरे सीने में नहीं तो तेरे सीने में सही
हो कहीं भी आग लेकिन आग जलनी चाहिए

कविता-क्रम

भाग-1 स्पंदन

भाग-2 दर्पण

भाग-3 क्रंदन

भाग-4 चंदन (नज़्में और गीत)

भाग 1

स्पंदन

राधिका नयनों की प्यासी

शांत यमुना का किनारा वायु बहती शीत चंचल
प्रतिध्वनि आकाश की ले गुनगुनाता है धरातल
मैं पवन के साथ चलती समय सीमा लाँघकर के
फिर कहीं उस मधुबनी में हो रही हूँ भाव विह्वल
नित्य जिनमें तुम समाए और थी वंशी तुम्हारी
साथ बसती साथ हँसती मैं तेरे चरणों की दासी
तीर पर नैना बिछाए राधिका नयनों की प्यासी

ज्वार अधरों पर लिए मंदाकिनी-सी रूप कलियाँ
कान में जो घोले मुरली मधुर स्वर मिश्री की डलियाँ
क्या बताऊँ बावरा मन किस तरह था काँप उठता
जब तुम्हारी पगध्वनि से गूँजती थीं ब्रज की गलियाँ
प्रीत के थे युगपुरुष तुम योग मुझसे हो गया था
प्रेम का था धाम गोकुल मोक्ष का ज्यों धाम काशी
तीर पर नैना बिछाए राधिका नयनों की प्यासी

एक दिन मुझको बताया जन्म का था मूल अपना
कर कमल निज लिख चुका है युग व्यथा की अंत रचना
उस घड़ी व्याकुल हुई थी जब कहा तुमने मिलन को
आज ही की रैन अंतिम आज ही का शेष सपना
पूर्ण कर फिर से अधर क्यों छोड़कर मुझको गए यूँ
हो के तुझमें दूर तुझसे उस जगत की हूँ मैं वासी

तीर पर नैना बिछाए राधिका नयनों की प्यासी

नीलवर्णी दृश्य था और भाव तरिणी थी हवाएँ
स्वर में जिनके खो गए गंधर्व सुर और अप्सराएँ
पुष्प बरसाते प्रणय को अश्रुओं का दीप देते
गीत कोमल इक मिलन का गा रहीं थीं दस दिशाएँ
सृष्टि का सान्निध्य लेकर एक हम दोनों हुए थे
चंद्र पूरा खिल गया था रैन थी वो पूर्णमासी
तीर पर नैना बिछाए राधिका नयनों की प्यासी

खिल उठी थी पुष्प-सी मैं अंक पाकर पी का कोमल
जानती थी छीन लेगा भोर बैरी नभ का आँचल
नैन मेरे जा मिले थे जब तुम्हारे लोचनों से
वेदना का प्रतिगमन था बह रही थी धार निर्जल
प्राण तुम ही प्राण हो मैं हाय तुमसे बोल देती
रम्य सृष्टि मेघ वृष्टि हर न सकती ये उदासी
तीर पर नैना बिछाए राधिका नयनों की प्यासी

सूर्य के प्रण ने हटाया रात का जब स्याह काजल
भाव को पाषाण कर मुस्कान ले आनन पे कोमल
चल दिए जो गमन को तुम क्या बताऊँ जो दशा थी
घिस रहा अब तक जगत में कर गए थे मन जो संदल
साथ क्षण का दिव्य था वो योग्य इतनी भी नहीं थी
प्रेम के सागर को पीकर प्यास बाक़ी क्यों ज़रा-सी
तीर पर नैना बिछाए राधिका नयनों की प्यासी

और फिर थे खो गए तुम हाँ सवेरा हो गया था

सत्य पूछो उस दिवस दिन में अँधेरा हो गया था
प्यार का आधार तब से काम केवल नाम केवल
छद्म का और दंभ का जग में बसेरा हो गया था
पाप मेरा ही है शायद तोलना तुमको जगत से
हम धरा की धूल हैं तुम ईश्वर तुम हो आकाशी
तीर पर नैना बिछाए राधिका नयनों की प्यासी

निर्मोही

तू राग-राग बैरागी
तू मोह-मोह निर्मोही
तू गंध-गंध कस्तूरी
तू ढूँढ़ रहा ख़ुद को ही

तू रंग-रंग बेरंगा
तू सत्य धरा पे नंगा
तू अगन अगन में पानी
तू जलता हुआ पतंगा

तू जन्म-जन्म जन्मेजय
तू डर से भय से निर्भय
है कलयुग-सतयुग तुझसे
तू जगत-जगत का विस्मय

तू सत्य-सत्य सतसंगी
तू खंड-खंड पाखंडी
तू निर्विकार निर्वाचित
तू चंद्र-चंद्र सारंगी

तू विंध्य-विंध्य विंध्याचल
तू अनल-अनल दावानल

तू माँग-माँग सिंदूरी
तू आँचल माँ का आँचल

तू चैन-चैन बेचैनी
तू नैन-नैन मृगनैनी
तू मुग्ध हृदय-सी कोमल
तू तीव्र धार-सी पैनी

तू वेद-वेद वैदेही
तू गार्गी तू मैत्रेयी
अभिसार है मानवता का
है विश्व-विश्व तुझसे ही

तू मधुर-मधुर मदिरालय
जो पथिक-पथिक भटका ले
तू कानन-कानन उपवन
तेरा घर-घर विद्यालय

तू पद्म-पद्म पद्मासन
तू क्रूर-क्रूर-सा शासन
तू सही-ग़लत का उद्गम
तू अर्द्धसत्य-सा भाषण

तू बाँध-बाँध-सा बंधन
तू नंद-नंद अभिनंदन
तू रौद्र-रौद्र-सा शंकर
तू करुण-करुण-सा क्रंदन

तू पथ्य-पथ्य नेपथ्य
तू स्पर्श-स्पर्श निस्पर्शय
नर में नारायण तू ही
आत्मा का आत्म-परिचय

तू जात-जात दुश्वारी
तू काम-काम सरकारी
है बँधा तू ख़ुद के कर में
तू भ्रष्ट-भ्रष्ट लाचारी

तू पुण्य-पुण्य में पापी
तू फटे क्षीर की छाती
तू छद्म-छद्म-सा छलिया
तू विश्वासों का घाती

तू कंठ-कंठ दुष्कंटक
तू देव नृत्य का नर्तक
तू समर-समर का योद्धा
हर हीन मनुज का सेवक

तू भाग-भाग सद्भागी
हर पाप-पुण्य का भागी
पर भौतिकता से ऊपर
तू राग-राग बैरागी

मृगतृष्णा

धूप का मिलना
शाम का ढलना
बात अनकही
होंठ का सिलना
सारी अनबन
सारे बंधन
जल में दिखता
आग का दर्पन
क्या है... क्या है... क्या है ?
मृगतृष्णा है।

सुबह का जागा
दिन भर भागा
कितना कोमल
प्राण का धागा
टूट है जाता
छूट है जाता
हाथ से कोई
लूट ले जाता
क्या है... क्या है... क्या है ?
मृगतृष्णा है।

बात ज़रा-सी
घोर उदासी
मिलन को तेरे
सदी से प्यासी
रूप निहारे
बाल सँवारे
नयन सजा के
बैठी द्वारे
उन्मादों का राग छेड़ना
क्या है... क्या है... क्या है ?
मृगतृष्णा है।

फलता जाए
ढलता जाए
समय का चक्का
चलता जाए
क्षणिक है जीवन
क्षणिक है तन-मन
क्षणिक हैं सारे
मोह के बंधन
क्या है... क्या है... क्या है ?
मृगतृष्णा है।

भोर मखमली
सायँ संदली
बीच में इनके
धूप चुलबुली
बिखर के आती

निखर के जाती
दाँव पलट दे
जिधर भी जाती
जानते सारे
मानते सारे
कौन-सा सच फिर
छानते सारे
क्या है... क्या है... क्या है ?
मृगतृष्णा है।

आँख जो रोती
मन का मोती
सीप को अपने
जगत में खोती
मोल तू कर ले
तोल तू कर ले
या फिर डब्बा
गोल तू कर ले
मान है तेरा
गान है तेरा
सुर है उसका
तान है तेरा
सत्य यही है बाक़ी सारा
क्या है... क्या है... क्या है ?
मृगतृष्णा है।

पासा पलटा
वाक्य था उल्टा

बोल गई पर
जीभ थी कुल्टा
सच ना कहना
चुप ही रहना
झूठ में जी हाँ
मनुज का गहना
सत्य के मारे
सब बेचारे
झूम रहे हैं
बाक़ी सारे
क्या है... क्या है... क्या है?
मृगतृष्णा है।

चल ना धीरे
भागता क्यों है
आधी रात में
जागता क्यों है
नोट में ख़ुशियाँ
नापता क्यों है
अरे हो जाएगा
काँपता क्यों है
ताल पिरोले
साथ में होले
ध्यान में रखना
नाव जो डोले
मधुनगरी में छलिया सारे
क्या है... क्या है... क्या है?
मृगतृष्णा है।

तुम

अस्तित्व का आधार हो तुम
शून्य की ललकार हो तुम
क्या मेरी बस कल्पना हो
या सकल संसार हो तुम

मौन जग की हो प्रतिज्ञा
या मेरा अभिसार हो तुम
बोलते हैं सब सरल पर
कुछ कहें दुश्वार हो तुम

एक तुम ही जानती हो
कामना या प्यार हो तुम
हम सभी मझधार में हैं
तीर के उस पार हो तुम

मध्य भव में युद्धरत हम
भव में उठता ज्वार हो तुम
क्रोध सागर का हो या फिर
कोई तारणहार हो तुम

उम्रभर जो तप किया था
तप हुआ साकार हो तुम

योग्य इतनी हो क्या मेरे
या मिथक बेकार हो तुम

बावरे इस मन को मेरे
व्योम का उपहार हो तुम
या परे जाना है जिससे
मोह का व्यापार हो तुम

दिग्भ्रमित हूँ इस धरा पर
मोक्ष का एक द्वार हो तुम
या मुझ ही में ईश्वर है
ईश पर एक भार हो तुम

हो तमस का क्षीण स्वर या
देव का अवतार हो तुम
मानता हूँ इतना लेकिन
वक़्त की दरकार हो तुम

जान पाया कोई भी न
स्वत्व का विस्तार हो तुम
मानते कुछ के पतन हो
कुछ कहें उद्धार हो तुम

कामना कोई चिरंतन
या क्षणिक उद्गार हो तुम
बोल दो तो जान लूँ मैं
जीत हो या हार हो तुम

आशा

स्वर्ग की तुम सुधा से निखारी
मुझको सदियों से आशा तुम्हारी
इन पहाड़ों पे सपना सजा दूँ
हिमको तेरा मैं आँचल बना दूँ
बरसें बादल जहाँ प्रीत बन के
तुझको बारिश की बूँदें बना दूँ
जिसने नदियों की काया सँवारी
मुझको सदियों से आशा तुम्हारी
देव के मुख की मुस्कान हो तुम
चेतना की मेरी जान हो तुम
जिसने संयम से तुमको बनाया
उस विधाता का अभिमान हो तुम
हो सृजन के नयन से श्रृंगारी
मुझको सदियों से आशा तुम्हारी
ये तरंगित हैं तुमसे हवाएँ
ये हिमालय से आती सदाएँ
उसको इंसान का डर भी क्या हो
जिसकी सृष्टि ने ली हो बलाएँ
आ स्वरों का मैं आँगन सजा दूँ
उसमें मूरत मैं तेरी लगा दूँ
वो आँगन भी हो कैसे मंदिर
जिसमें पूजा न होती तुम्हारी
मुझको सदियों से आशा तुम्हारी

मीरा का सर्वस्व अर्पण

मेड़ता की लाड़ली मेवाड़ की मैं लाज थी
राज्य की थी राजमाता नववधू महाराज की
युद्ध में सब कुछ गँवाया कंत को परिवार को
सार जीवन लुट गया जब मैं रही किस काज की
जग ने छीना प्यार मुझसे स्नेह का अधिकार मुझसे
रुग्धकंठी गा रही हूँ अश्रुओं के गीत को
मीरा का सर्वस्व अर्पण एक क्षण की प्रीत को

जब कभी आए विपत्ति हर दशा प्रतिकूल हो
चाहता है विश्व उसके आचरण अनुकूल को
हो जहाँ कंपित धरा भूकंप को क्यों दोष दूँ
क्यों जगत का द्वेष उससे जो जगत का मूल हो
चाहती हूँ मिलन उनसे अंश जिनका हूँ सखी
हैं समाना ज्वार में ही क्यों सलिल भयभीत हो
मीरा का सर्वस्व अर्पण एक क्षण की प्रीत को

चल पड़ी मैं आँख मूँदे श्याम पथ की राह को
शुक्लपक्षी चाँद निकला कृष्णपक्षी चाह को
है अथाह अनगिन तुम्हारे पक्ष कान्हा क्या कहूँ
ढूँढ़ता है विश्व जिनमें अपनी-अपनी थाह को
हार जाना चाहती हूँ देह तुझमें ध्येय तुझमें
ना मैं पागल गोपियों-सी तुझपे अपनी जीत को

मीरा का सर्वस्व अर्पण एक क्षण की प्रीत को

गोपियों संग रास ध्वनि का आज तक है गान बहता
मार्ग वर्जित स्त्रियों का, द्वार का दरबान कहता
गीत की ना दे मनाही ऐ सखी सुन बात मेरी
एक केवल पुरुष वह जो गर्भगृह के मध्य रहता
वेदना का तार सप्तक आ गई हूँ द्वार पर ले
मोहना की मूर्ति में ढूँढ़ने मनमीत को
मीरा का सर्वस्व अर्पण एक क्षण की प्रीत को

सामने निज कंठ से मैं दासियों संग पी रिझाऊँ
राग विकलित सार विचलित जड़ हृदय को क्या सुनाऊँ
छंद में त्रुटियाँ बताते भाव को अस्पष्ट कहते
दासियों को कंत के श्रृंगार का मैं क्या बताऊँ
राग में तो हैं रिझाते नाशमयी नर नश्वरों को
ईश के अनुराग को अनुरागमय संगीत हो
मीरा का सर्वस्व अर्पण एक क्षण की प्रीत को

देह ने एक कंत खोया आत्मा ने राग पाया
मोह के जब तार टूटे ईश से अनुराग पाया
साथ ले अस्तित्व अपना रम गई मैं श्यामरंग में
यूँ कहो निज को गँवाया फिर कहीं बैराग पाया
है विरोधक रीतियों का मन लगाना मूर्ति से
प्रेम की रहती चुनौती है सदा से रीत को
मीरा का सर्वस्व अर्पण एक क्षण की प्रीत को

हूँ खड़ी खोई हुई-सी आज जीवन पर्व में

ज्ञात है ये सार लेकिन सृष्टि के संदर्भ में
सब मलय हैं मलिन स्वामी एक तुमको छोड़कर
है लगाना लेप जिसका आत्मा के गर्भ में
नाम तेरा पहन लूँ मैं ग्रीष्म जब-जब लू लगाए
ओढ़नी तुझको बना लूँ ढाँकने को शीत को
मीरा का सर्वस्व अर्पण एक क्षण की प्रीत को

मधु-तर्पण

(महाकवि हरिवंश राय बच्चन जी को समर्पित)

पीने वाले आते जाएँ
सुबह का सूरज शाम हुआ
जब मधु की छाई मदमस्ती
हर क़तरा छलककर जाम हुआ
***

ना जाना वेद-पुराणों को
न पूजा की भगवानों की
बस जान लिया इक हुस्न तेरा
और इल्म मेरा इलहाम हुआ
जब मधु की छाई मदमस्ती
हर क़तरा छलककर जाम हुआ
***

ना काशी की गंगा देखी
ना मथुरा की यमुना देखी
बस देखा उनकी आँखों को
और जाना उनकी आँखों को
वो जाम जो था पैमानों में
सीमित था अपनी सीमा तक
जब पीने लग गए आँखों से

हर नयन छलककर जाम हुआ
हर क़तरा छलककर जाम हुआ
***

ना लक्ष्य कोई मिल पाता था
ना सार कोई मिल पाता था
जीवन मैं जीता था पर ना
आधार कोई मिल पाता था
सब आशाएँ सब इच्छाएँ
बस शून्य भाव से बैठी थीं
मैं नीरस था जग रुका हुआ
ऐसे ही सदियाँ बीती थीं

जब स्वाद चखा तेरी मधु का
इक जगत का मुझमें जन्म हुआ
है सत्य अटल तू ही साक़ी
बाक़ी सब मिथ्या भरम हुआ
तेरे ही रस के प्याले हैं
सौंदर्य धरा का लिए हुए
हर घूँट में जिसके अमृत है
वरदान जगत को दिए हुए
क्यों मोह से नाता तोड़ूँ मैं
क्यों मोक्ष से रिश्ता जोड़ूँ मैं
सृष्टि के सब श्रृंगारों में
क्यों मोह भला बदनाम हुआ
जब मधु की छाई मदमस्ती
हर क़तरा छलककर जाम हुआ
***

कहीं धरा थी कहीं गगन था
झूम रहे थे सब चंचल हो
तेरी गागर अक्षत साक़ी
प्यास मेरी के घूँट है बस दो
मैं भी मस्तों में मिल जाऊँ
जो तेरे रस का पान मिले
जो मिल जाए तेरी मधुशाला
तो मुझको जीवनदान मिले

ले प्यास अनेकों आते हैं
पर कितने ही पी पाते हैं
मधुशाला में भ्रमित जगत के
कितने ही जी पाते हैं
बाहर धर्मों के बँटवारे
अंदर मस्ती के जयकारे
वहाँ पाकर खोते हैं सब कुछ
यहाँ खोकर सब पा जाते हैं
जो सीखा था सब भुला दिया
मैं फिर अबोध अंजान हुआ
जब मधु की छाई मदमस्ती
हर क़तरा छलककर जाम हुआ
***

जब नाश प्रलय का छाया था
और नौका कोई बची नहीं
जो भवसागर के पार लगा दे
बात वो मुझको जँची नहीं
मैं कूद पड़ा प्याला लेकर

तूफ़ान नदी का बिलख पड़ा
शहरों के शहर उजाड़े थे सो
दंभ समर का छलक पड़ा

मैंने भी अट्टाहास किया
निज तृष्णा पर विश्वास किया
मुझे उसके पार न जाना था
मैंने भव-मौजों में वास किया
आ निगल मुझे और तृप्ति पा
बदले में मुझको देगा क्या
इक प्याला हाथ में लाया हूँ
और प्यास साथ में लाया हूँ
तू पी ले मुझे मैं पी लूँ तुझे
भवसागर बनने आया हूँ
मेरे ही तन का अंत मेरे
उच्छृंखल मन का दाम हुआ
जब मधु की छाई मदमस्ती
हर क़तरा छलककर जाम हुआ
***

चंदन

जिन साँसों की माला पर होता सुमिरन
जिन साँसों की माला में बिसरे तन-मन
उन साँसों का दर्पन कैसा होता है?
मन से मन का बंधन कैसा होता है?

आस पास की चीज़ें वैसी रहती हैं
लेकिन सब कुछ बदला-बदला लगता है
दिन के सारे काम बिगड़ने लगते हैं
लेकिन सब कुछ सँभला-सँभला लगता है
मन के भीतर बैठी चंचल हिरनी को
मानो अपनी कस्तूरी मिल जाती है
आधी लिक्खी खो गई थी कोई कविता
मानो पूरी की पूरी मिल जाती है

दिनभर में गिनकर कुछ लम्हें मिलते हैं
उन लम्हों को ख़ूब सहेजा जाता है
बीते कल के सारे बिखरे टुकड़ों को
मिलकर उनके साथ समेटा जाता है
कितनी बातें कहने का मन करता है
बिन बोले कितनी बातें हो जाती हैं
साँझ की किरनें मानो रात के आँचल में
नाच-नाच खो जाती हैं सो जाती हैं

आ तो जाते हैं हम उनके पहलू में
पर जाने में मानो जान निकलती है
थक जाते लब आँखों में भर जाती नींद
मन रौशन रखने वाली लौ जलती है
कितना ख़ुद पर क़ाबू रखेगी मीरा
गीतों के शब्दों में तिश्ना पलती है
आख़िर में जब शब्द नहीं रह जाते हैं
दो साँसें फिर एक ही लय पर चलती हैं

उन साँसों की माला पर होता सुमिरन
उन साँसों की माला में बिसरे तन-मन
ऐसा अगले दिन पूरे दिन होता है
उनका सुमिरन मेरा चंदन होता है

संगम

पूरब है तब ही तो कोई पश्चिम है
एक समापन ही तो दूजा उद्गम है
दो नदियाँ जब एक हुईं तो क्या पाया
एक नदी जो दो नदियों का संगम है

दो स्त्रोतों के अवतल में ये रहती हैं
दो नदियाँ जो दो वेगों से बहती हैं
एक ज़रा सँभली है दूजी मचली है
एक बहुत गहरी है दूजी उथली है
एक दिशा को जाती हैं दोनों नदियाँ
दोनों बहती तेज़ मिलन पर मद्धम है
एक नदी जो दो नदियों का संगम है

अग्नि से अग्नि मिल जाए आग लगे
वैसे भी इस मन को कितने राग लगे
तीव्र वेग से उच्छृंखल बहता ये मन
रुक जाता है जो इसमें अनुराग जगे
रुक जाती हैं जाने कितनी धाराएँ
बिछड़े दो मन जब हो जाते एकम हैं
एक नदी जो दो नदियों का संगम है

संगम के आगे रह जाता एक ही नाम

दूजा होकर भी अनदेखा हो जाता
अनदेखा तो ग़ैरज़रूरी होता है
ऐसा भी सबको अंदेशा हो जाता
ज़्यादा देकर भी वापस ना मिलता कुछ
अपनी हस्ती खोकर रखती संयम है
एक नदी जो दो नदियों का संगम है

एकाकीपन कितना सादा होता है
लेकिन सब कुछ आधा-आधा होता है
सबको लगता है हम पूरा कर लेंगे
साझेदारी ऐसा वादा होता है
पूरा करते-करते पूरे हो जाते
इस नगरी के ऐसे ऐसे नियम है
एक नदी जो दो नदियों का संगम है

जितने धागे उतनी गिरहें

जितने धागे उतनी गिरहें
जितने रिश्ते उतनी शर्तें
तिश्ना की दरकार यही है
जितनी लज़्ज़त उतनी परतें

कुछ परतें जो कम उलझी हैं
कुछ परतों में उलझन ज़्यादा
कुछ परतें मीरा-सी जोगन
कुछ परतों का जीवन राधा

कुछ को मुख़्तारी की ख़्वाहिश
कुछ को मदमस्ती में बहना
अनसुलझी एक डोर है जिसमें
बँधकर दोनों को है रहना

सबका पतझड़ अलग-अलग है
सबका सावन अलग-अलग
सबके मोहन अलग-अलग हैं
सबका रावन अलग-अलग

सबकी अपनी जंग छिड़ी है
सबका दुश्मन अलग-अलग।

रग़बत का दुश्मन है घर्षन
सबका घर्षन अलग-अलग

सबसे सब ग़ुस्सा हैं लेकिन
सबको सबके साथ की चाहत
नज़दीकी से राज़ खुला ये
दूरी में थी कितनी राहत

दरवेशों की तेरी हस्ती
हस्ती जिसका मोल नहीं है
तेरे अनहद-नाद को समझे
दुनिया उतनी गोल नहीं है

जितनी ख़ुशियाँ उतने पर्दे
उतनी ही दुनिया की सतहें
प्रेम की डोरी रहिमन वाली
जितने धागे उतनी गिरहें

मुख़्तारी - अध्यक्षता। रग़बत - जुड़ाव / लगाव। अनहदनाद - आंतरिक ध्वनि

भाग 2

दर्पण

सहम

सहमकर रहती है वो
सूरज के उदय से अस्त तक
निशा के घोर सन्नाटे से
दोपहर के वक़्त तक
देह के हर अंग तक
हर अंग के हर वस्त्र तक
शिरा से पदचाप तक
और अस्थियों से रक्त तक

निद्रा में या होश में
या पाप में या पुण्य में
समय के हर भाव में
खोई रहे वो शून्य में
और शून्य में खोजा करे
ब्रह्मांड के उस तत्व को
जिसमें शायद कर सके
समाप्त निज अस्तित्व को

पुत्र से ले पिता तक
या भाई से ले सखा तक
अभय देते उसे सब
पूछे बिना उसकी रज़ा तक

अब रज़ा क्यों जब पूछो यूँ
तो उत्तर मैं यूँ देता हूँ
और दिल दहला देने वाली
उस अबला की कहानी कहता हूँ

जहाँ सारा समाज तत्पर है
सदैव उसके रक्षण को
फिर भी दरिंदे घूमा करें
तैयार उसके भक्षण को
जब सब ही उसकी ओर हैं
तो फिर ये भक्षक कौन हैं?
शिनाख़्त के इस प्रश्न पर
क्यों सारे श्रोता मौन हैं?

चारों ओर उसके रक्षा का
एक चक्र बनता जाता है
समय के साथ दृढ़ होकर
चक्र वज्र बनता जाता है
वो बिताती अपना जीवन
बंधनों में क्षुब्ध होकर
और दरिंदे यूँ घूमा करें
वातावरण में मुक्त होकर

फिर भी मन से जाती नहीं
अनहोनियों की संशया
जब राह में फिर से मिले
नंगे बदन कोई निर्भया

जब हँसती खेलती दो बहनें
रात को ग़ायब मिलें
और पेड़ की किसी डाल से
सुबह लटका उनका शव मिले

जब अपने जैसे लोग ही
वहशी ख़याल पाला करें
मृत्युदान दे उन्हें या
आँतें उनकी निकाला करें
पहले आत्मा का दहन हो उनकी
फिर देह जला डाला करें
या छोड़ दें बस जीने को
कहीं और मुँह काला करें

इसके बाद जो जीवन है
वो तो मृत्यु से भी दूभर है
रक्षाचक्र अब भंग हुआ
हालत वेश्या से भी बदतर है
हर ओर से उस ओर ही
प्रहार जब होने लगे
जब सबके बीच में रहकर वो
एकांत में जीने लगे

तो कितनी ही कर पाती हैं पुरज़ोर
इंसाफ़ की उस माँग को
अंधा क़ानून बहरे श्रोता
न्याय के उस स्वांग को

कभी-कभी ही आ पाती है
इतनी हिम्मत अंतर पर
वरना दस में से नौ तो
यूँ ही रह जाती घुट-घुटकर

और जो बिरली हिम्मतवाली थी
उसका हाल भी तुम अब सुनो
भारत की क़ानून व्यवस्था की
कथा तुम फिर सब सुनो
जहाँ फ़ाइलों में अब तक
निन्यानवे प्रतिशत केस बाक़ी हैं
आगे इस हिम्मतवाली के
वही अपेक्षित साथी हैं

अरे! जनतंत्र से चलने वाले
इस देश को धिक्कार है
जहाँ बलात्कार की सज़ा भी
लाख में इक बार है
और वो एक भी क्या एक है
या कोई हास्यतिरेक है
जहाँ नतीजे तक पहुँचने में
उसका फिर से होता रेप है

अरे क्या करे वो?
क्या पहने बुर्क़ा-साड़ी? आँकड़े उठाइए
क्या उम्र है बचने की?
पंद्रह से कम पचास से ज़्यादा? आँकड़े उठाइए

कहाँ पर सुरक्षित है वो?
घर पर या दफ़्तर में? आँकड़े उठाइए

आँकड़ों की गर सुनो
बुद्धिजाल उस पर बुनो
हर तथ्य को तुम स्वयं चुनो
तो तुम ये नतीजा पाओगे
जी हाँ ये नतीजा पाओगे
कि भारत की हर महिला या तो ख़ुशक़िस्मत है
या रेप विक्टिम

कोई फ़र्क़ नहीं पड़ता उनको
न वस्त्र से न चाल से
न उम्र से न रंग से
पंद्रह या पचास साल से
जैसे बाज़ को न अंतर पड़ता
चिड़िया बैठी किस डाल पे
अपराधी को न अंतर पड़ता
प्रताड़िता के हाल से

इसीलिए,
सहम कर रहती है वो
सूरज के उदय से अस्त तक
निशा के घोर सन्नाटे से
दोपहर के वक़्त तक
सुर्ख़-स्याह दोपहर के वक़्त तक

रंग

हैं रंग हैं चारों तरफ़ ब्रह्मांड में बिखरे हुए
कुछ नीर से उछले हैं कुछ हैं ख़ून से गहरे हुए
कुछ श्वेत से कुछ नील से कुछ सुर्ख़ से कुछ स्याह से
कुछ हैं नई उमंग से कुछ दबी हुई-सी चाह से
रंगभूमि के दृश्य पर हैं अनोखे रंग जो
आकाश न पाताल न तुम पृथ्वी पर ही देख लो

कुछ रंग जो दुर्भाग्य हैं सौभाग्य पर इस देश के
कुछ कचरों के हैं ढेर में कुछ भ्रष्टाचारी भेस के
कुछ सोच कुरीत ढर्रों के साँचों में ढले हुए
तिरस्कृत हो समाज से अभिशाप में पले हुए

कुछ रंग जो भेदभाव की शक्लों में हमको झाँकते हैं
दहेज में या भ्रूण की हत्या में हमको ताकते हैं
वो रंग जो आँखों में से वहशियत को भाँपते हैं
कुछ रंग दिखते चुलबुले, अंदर से पर काँपते हैं
कुछ रंग जिनके प्रयोग पर तस्वीर का बहिष्कार है
वो रंग ही फिर चित्र के बदलाव का आधार हैं

वो रंग जो अभिव्यक्ति का हिस्सा भी अब बनने लगे
जिनकी मुझे आदत नहीं पर मेरी कब सुनने लगे
वो रंग जो कि देखकर आँखों में चुभते हैं मगर

मन के किसी बच्चे को पर सच्चे भी लगते हैं मगर

निरपेक्षता हर बात की
या लिंग की या जात की
या पंथ की या काज की
या स्पर्श के आभास की
अभिव्यक्ति के अंदाज़ की
चाहे मौन को आवाज़ की

इन रंगों का प्रयोग जब तस्वीर पर होने लगा
रंगों का हर रहनुमा तब धैर्य को खोने लगा
विरोध है प्रतिरोध है, घृणा है अवरोध है
चंद रंगों के लिए, उमड़ा क्यों जाने क्रोध है

कुछ रंग अब भी डरे हुए
हैं हाशिये में जी रहे
अपमान को हैं पी रहे
फिर भी लबों को-सी रहे
और
कुछ रंग जो हैं फट पड़े
हैं कटघरे में जो खड़े
वो रंग जो हैं तीखे से
लगते हैं शूल सरीखे से

इन रंगों को शामिल करो तस्वीर बदलेगी तभी
क़ायम रहेगा संतुलन तासीर बदलेगी तभी

हर रंग ही स्वीकार हो
उल्लास हो चीत्कार हो
हर शुभ रंग को साधुवाद
अशुभ रंगों में सुधार हो

सब रंग ही हैं प्यार के
हर रंग में है बंदगी
जो रंग नामंज़ूर हों
ज़रूरी नहीं हों गंदगी

तुम्हारी राय बेशक तुम रखो
मुझे बस सोच की दरकार है
अकेले तुम नहीं हो निर्णायक
चुनाव सभी का अधिकार है

इक रंग हों, दो रंग हों
सतरंग हो, नवरंग हो
मिलकर बनता है इंद्रधनुष
हर रंग का जब संग हो
मन अनहद-नादी मलंग हो
जैसे शम्भू का मृदंग हो
हर रंग का जब संग हो
हर रंग का जब संग हो

हाशिया - Margin

रॉकिट बनकर उड़ जाऊँ

सालभर बचाया था कमा-कमाकर
हाथ खोलकर गँवा दिया
रघुनाथ तुम्हारे आगमन ने
मेरा दिवाला उठा दिया

बड़े को चाहिए सेवेन स्टार
छोटे को चाहिए रॉकिट
मुझको लगती सूखी नहर
इन्हें कुआँ लगे मेरी पॉकिट

बीवी माँगती हार नौलखा
बॉस माँगता टारगेट
शाम होते पहुँच जाता
पूरा कुनबा मार्किट

आठ मिठाइयाँ, साथ सेवइयाँ
सोलह घेवर, बत्तीस ज़ेवर
साथ तेरस के बर्तन
अपने आप पे हँस देता हूँ
जब-जब देखूँ दर्पन

माँ मेरी है साठ लाँघ गई

बासठ के हैं पापा
मेरी ख़ुशी को सदा उन्होंने
समृद्धि से है नापा

शिक्षा-दीक्षा बीवी-बच्चे
नौकरी संग घर गाड़ी
सब कुछ है हे सीताप्रिय
पर घुट-घुट के उम्र गुज़ारी

दीये जलना नाम का रह गया
नाम की रह गई पूजा
दिवाली शो-शा रह गई रघुवर
अर्थ ना कोई दूजा

दान रह गया नाम का रामा
नाम की रह गई श्रद्धा
विजय के पावन पर्व ने तुमरे
रूप ले लिया भद्दा

धूम धड़ाके मन से होते
मन से जलती लड़ियाँ
मन से पैसों में आग लगाई
पता न चलती घड़ियाँ

बस घूमा हूँ गोल-गोल मैं
जैसे चकरी घूमे
बाज़ू उड़ना चाहते लेकिन

पग रहें धरा को चूमे

और रुका तो फट जाऊँगा
फटे सूतली जैसे
दुनिया ऐसी लगती है
ओखली पे मूसली जैसे

जो पता तुम्हारा मिल जाए
तो साथ तुम्हारे जुड़ जाऊँ
लगा दे मुझमें आग कोई
मैं रॉकिट बनकर उड़ जाऊँ

मज़ाक़

तेरी तरह से मेरी, पहचान क्यों नहीं
मेरे वजूद का भी, सम्मान क्यों नहीं
मेरा शरीर मेरा, अभिमान क्यों नहीं
क्यों बस मज़ाक़ हूँ मैं, इंसान क्यों नहीं!

जीवन गुज़ारने का अपना तरीक़ा मेरा
उतना ही मेरा हक़ है जितना कि हक़ है तेरा
इस बात को समझना, आसान क्यों नहीं
क्यों बस मज़ाक़ हूँ मैं, इंसान क्यों नहीं!

मेरा भी मन है निश्चल उतना कि जितना तेरा
मेरी भी ख़्वाहिश अक्सर आँखों पे देती पहरा
नफ़रत के नाम से तू, अंजान क्यों नहीं
क्यों बस मज़ाक़ हूँ मैं, इंसान क्यों नहीं!

मेरे भी अपने दुख-सुख मेरी भी अपनी छाया
जज़्बात मेरे रद्दी दिखती है तुमको काया
मेरी भी पीड़ा सुन ले, वो कान क्यों नहीं
क्यों बस मज़ाक़ हूँ मैं, इंसान क्यों नहीं!

क्यूँ

एक ख़ुशनसीब स्त्री ने जब लगातार दूसरी कन्या को जन्म दिया
तो ख़ुश होने की बजाय उसका मन उदासी की दुनिया में खो गया
बोली भगवान दूसरी बार धोखा दे रहे हो तुम अब बनना मेरे साथी
तीसरा वाला लड़का ही होना चाहिए वरना कौन बनेगा हमारे बुढ़ापे की लाठी

जिस सास ने शादी पर बहू का दामन ख़ुशियों से भर दिया था
अब तानों से भर दिया
बोली बेटा एक ग़लती तो पहले तुम कर ही चुकी थी अबकी अपराध तुमने कर दिया
अब तो हम दो और हमारे दो वाले फ़ॉर्मूले को फेल करना ही पड़ेगा
चाहे वूमेंस क्रिकेट टीम खड़ी हो जाए कुल-चिराग़ तो तुम्हें हमें देना ही पड़ेगा

उस ख़ुशनसीब की मन की चिंता तब और बढ़ गई
जब उसकी देवरानी की पहली ही गोली निशाने पर गढ़ गई
अब तो बूढ़ी चाचियों और ताइयों में शुरू हो गई चर्चा
कि बहू तो दूसरी वाली है पहली वाली पर तो बेकार कर रहे हो ख़र्चा

जब उस ख़ुशनसीब का तीसरा भ्रूण पनपा
तो सब घरवालों का माथा ठनका
मुस्कान मेमोरियल हॉस्पिटल की चाइल्ड स्पेशलिस्ट थी डॉक्टर समीक्षा
उसी जीवन की प्रदात्री से करवा ली भ्रूण परीक्षा

जब भ्रूण परीक्षा में किया डॉक्टर ने फिर से कन्या होने का ख़ुलासा
तो सब परिवार वालों को मुबारकबाद देने की बजाय उन्होंने दी दिलासा
बोली अगर आप चाहें तो ये भ्रूण आगे फूलेगा ना फलेगा
बस दस हज़ार दे दो किसी को पता भी नहीं चलेगा

इस प्रकार जब वो जीवन की प्रदात्री बन गई जीवन की हत्यारी
तो सासूमाँ बोलीं, थैंकयू डॉक्टर वर्ना क्या कहती दुनिया सारी

अगर आप ग़ौर से पढ़ रहे हैं तो आपने दिया होगा ध्यान
कि माँ, दादीमाँ, ताइयाँ, चाचियाँ
सब नारियाँ ही हैं जो नारी को ना देती सम्मान
इनके दिमाग़ में एक बात क्यों नहीं आती
कि अगर इनके माँ बाप ने करवा ली होती इनकी भ्रूण परीक्षा
तो ना ये माँ होती न दादी माँ होती
ना बूढ़ी ताइयाँ-चाचियाँ
और ना होती डॉक्टर समीक्षा!

हीन

हीन हूँ मैं हीन हूँ मैं हीन हूँ मैं हीन हूँ
मैं हीन हूँ
सदियों से मैं पाँच दिन को स्वत्व में ही लीन हूँ
मैं हीन हूँ
जनम दिया था जिनको मैं उन्हीं के अब अधीन हूँ
मैं हीन हूँ
मैं हीन हूँ

मेरे ही प्रताप से ये सृष्टि सारी चल रही
फिर भी अपनी काया मुझको कंटकों-सी खल रही
गंदगी समाज में जो उनको कहते रीतियाँ
वजूद की जो नींव तुझको गंदगी-सी खल रही

एक मेरी आत्मा है एक मेरा जिस्म है
आत्मा है साफ़ और जिस्म पे तिलिस्म है
वजूद को तुम्हारे भी ये जिस्म ज़िम्मेदार है
कामना का भान ना तो हर घड़ी तैयार है

हो सफल तो हर बड़ी ख़ुशी की ये वजह बना
अन्यथा ये हड़बड़ी या शोक हर जगह बना
हर ज़ख़्म मैं सह गई हूँ क्षोभ पीड़ त्रासदी
और फिर से कर रही हूँ आस अगले मास की

ज़िंदगी का हिस्सा ये भी इतना क्या जुनून है
बना, रुका, समय ख़तम, तभी तो बहता ख़ून है
चक्र है ये वक्र-सा जो ज़िंदगी का स्त्रोत है
ये मूल है सजीव का ये चेतना की ज्योत है

ज्योत को ज्वलंत रख रही है साधना मेरी
और तुम हो कह रहे अशुद्धियाँ हैं ये मेरी
हैं बंदिशें, हैं बंदिशें
हैं बंदिशें ही बंदिशें, जनम-जनम की रंजिशें
अलग मुझे है कर दिया, तड़प रही हैं ख़्वाहिशें

मंदिरों में जा ना पाऊँ यज्ञ में क्यों विघ्न हूँ
भद्रता का ओढ़ भेस फिर भी इतनी नग्न हूँ
तामसिक ये तन नहीं है ना कोई प्रकोप है
सोच में ये सदियों की सड़ांध का विलोप है

सोच जो कि विष मलिन पुरुष को देती स्वीकृति
पर न देती ज़िंदगी के स्त्रोत को ही अनुमति
हर जगह के नायकों को यश मिला ख़ुशी मिली
फिर मुझे क्यों पाँच दिन की तुमसे बेरुख़ी मिली

क्यों नहीं हो मान लेते रक्त का महत्त्व तुम
रक्त जिससे तुम बने हो रक्त बिन हो रिक्त तुम
न ध्यान दे रहा कोई कि जैसे मैं दरिद्र हूँ
समझ रहा अछूत तू मैं माँ तेरी पवित्र हूँ

ना हीन हूँ, ना दीन हूँ

ना पाप हूँ, ना क्षीण हूँ
दया से मेरी जी रहा
जो मन करे तो छीन लूँ

पर
ना हीन हूँ मैं इस क़दर
वजूद तुझसे छीन लूँ

क्योंकि
बाँटना, दोयम बताना
अर्थहीन नियम बनाना
काम है तेरा

और
सभ्यता को जन्म देना
पीड़ पर के हित में सहना
काम है मेरा

तिलिस्म - जादू

शर्मा जी सपरिवार

रोज़ बारह घंटे की दफ़्तरी गधा-मजूरी से परेशान
पैक कर रहे हैं शर्मा जी आज अपना सामान
रिश्तेदारी में शादी है ताजमहल वाले शहर में
चल पड़े हैं गाँव से साथ लेकर अपना ख़ानदान

आज की गाड़ी हुई है
जल्दबाज़ी मच गई है
ठाठ से करनी तैयारी
बात इनको जँच गई है
बीवी बच्चे कर चुके हैं
इनकी कंघी बच गई है

जल्दी से कंघी घुमाकर
फ़ेस पर पाउडर लगाकर
फ़ोन से नंबर घुमाया
द्वार पर इक्का बुलाया
पानवाला राह में था
पान पर्ची में मँगाया
ख़ुद चढ़े फिर चढ़ गए सब
पान मुँह में फिर दबाया
पर्ची को दे कर निशाना
ऐन नाली में गिराया

ब्लॉक कर दी नालियाँ पर
रास्ते को साफ़ पाया

दस मिनट ताँगा चला और
प्लेटफारम आ गया
शर्मा जी के माइंड पर
हॉलिडे वाइब्स छा गया

जल्दी से अपना कोच ढूँढ़ा
उसमें अपनी बर्थ ढूँढ़ी
रख दिया सारा सामान
सीट पर तशरीफ़ रख दी
सामने वाली पे पाँव
दो मिनट बस फ़ील ली फिर
खो गए यादों के गाँव

फिर क्या था...
पान थूका पान की लाली
को भी टपका दिया
रुमाल था जो बिस्तरे का
बैग में दुपका लिया
साथ वाले यात्रियों को
ज्ञान पेला देशहित पर
बोलते थे आज तक
सरकार ने है क्या किया

योजनाएँ हैं हज़ार

एक भी ना पाए की
है ज़रूरत लग रही
इनको हमारी राय की
हर जगह कचरा ही कचरा
अर्थ में मंदी पड़ी
औक़ात ज़्यादा औरतों से
हो गई है गाय की

थक गए जब साथ वाले
झेल इनकी फ़ब्तियाँ
खुल गए अख़बार फिर तब
साथ पन्नी-डिब्बियाँ
अख़बार रोटी के लिए थे
डिब्बियों में सब्ज़ियाँ
साथ में थे चिप्स भी
उनकी अलग से पन्नियाँ
जो ख़त्म होता गया
फिंकती गईं वो पन्नियाँ

ले रहे थे खा रहे थे
खा रहे गिरा रहे थे
स्टेशन पर गाड़ी रुकी
बाहर उनकी नज़रें टिकीं
बोलना ज़रूरी न समझा
सीटी बजाकर कह दिया
ओए छोटू चाय ला...

चाय वाले नवयुवक को
नीची नज़र से देखकर
चलती गाड़ी से दिए
चिल्लर भी लगभग फेंककर
हाथ में जो गंदगी थी
बोतलों से साफ़ की
बोतलें फिर बाहर फेंकी
कुल्हड़ों में चाय पी
चाय की चुस्की लगाकर
चाय में बिस्कुट डुबाकर
ख़ाली पैकेट फेंककर
कुल्हड़ों में चाय पीकर
मारे कुल्हड़ पटरियों पर
दम लगाकर खींचकर

दोपहर का अंत था वो
शाम को जाने लगे
खुल गई फिर मूँगफली भी
छील कर खाने लगे
रात जब होने को आई
थी नहीं बस चारपाई
बर्थ को खटिया समझकर
ज़ोर से ले ली जम्हाई
रात भर भरते खर्राटे
साथ वाले करते मैनेज
इनकी ध्वनियाँ राग इनका
बाक़ी सब कोलैटरल-डैमेज

आँख जब सुबह खुली तो
आगरा था आ गया
शहर में गाड़ी घुसी तो
क्या नज़ारा छा गया
मनका मनका मोतियों का
जोड़कर एक डोर बने
लोग वैसे पटरियों पर
बैठे थे मोर बने
शहर में कचरा-ही-कचरा
लापता थी दिलकशी
बोतलें-ही-बोतलें थीं
बोतलों में गंदगी

शर्मा जी हैरान-परेशान
उल्टी की सीमा पर आ गए
'ये लोग कहाँ से आ जाते हैं'
कहते-कहते उन पर
चार श्रद्धा-वाक्य बरसा गए

फिर दृश्य ये जाने लगा
जब प्लेटफारम आने लगा
बहुत ही सावधानी से
आस पास देखकर
अपना और रेलवे का
सारा सामान पैक कर
उतरने की तैयारी करने लगे
आदर्श नागरिक
शर्मा जी, सपरिवार...

क़ैद

क़ैद!
क़ैद महसूस की है कभी?
वो क़ैद जिसका क़फ़स आपका शरीर होता है
आपका अपना जिस्म
और आप उसमें ज़ब्त!
छटपटाहट
छटपटाहट जानते हो?
शायद नहीं
जानते भी होगे तो शायद समझते नहीं
ख़ुद पे ना बीते तो समझना मुश्क़िल है।

वो लड़कियों जैसे सजता है
वो लड़कों जैसे रहती है
उसके हाथ के इशारे देखे हैं बात करते वक़्त
और वो, वो तो वो है...
ऐसा कहकर आप हँसोगे
फिर बात आई-गई हो जाएगी
पर आप उसे क़ैद से बाहर नहीं आने दोगे
बाहर आना शायद मुमकिन भी नहीं
क्योंकि पिंजरा उसका अपना तन है
उसका अपना शरीर
उसे वो बदल नहीं सकता

पर अपने पैरहन अपनी पहचान बदलना चाहता है
जो हमेशा से होनी चाहिए थी
जो उसे जन्म के वक़्त नहीं मिली
उस ज़्यादती को ठीक करना चाहता है
बिना किसी कड़वाहट के
पर आप उसपर हँसोगे
उसके वजूद को मज़ाक़ समझोगे
ख़ैर! आपसे क्या कहूँ
आपने महसूस नहीं की ना कभी
क़ैद!

क़फ़स - पिंजरा। पैरहन - पोशाक

चीख़

काठ के ढेर से, तीसरे पहर से
चीख़ निकली करुण!
श्वेत एक चीर था, हर नयन नीर था
रुग्धकंठी वरुण
अग्नि करती दहन, देह करती सहन
थी अवस्था तरुण
काठ के ढेर से, तीसरे पहर से
चीख़ निकली करुण!

उर्मिला चंचला, कोमला श्यामला
आयु बस सात थी
शोक का नाम ना, रोक ना थाम ना
बहती बरसात थी
खेल ही खेल में, मेल तय कर दिया
दे दिया था शगुन
काठ के ढेर से, तीसरे पहर से
चीख़ निकली करुण!

सर्प का दंश था, भाग्य विध्वंस था
अंत था कंत का
जिसको समझा भी ना, जिसको जाना भी ना
ऐसे संबंध का

नीति की मार थी, प्रीति की हार थी
हो गया अपशकुन
काठ के ढेर से, तीसरे पहर से
चीख़ निकली करुण!

है लिखा शास्त्र में, एक ही मात्र है
ये निवारण सखी
विधवा होती मलिन, अग्नि करती दहन
मोक्ष पाती सती
कंत का रक्त जो, पड़ गया माथे पर
मान लेना अरुण
काठ के ढेर से, तीसरे पहर से
चीख़ निकली करुण!

शंख का नाद था, ढोल का वाद था
थी सजी वेदिका
रीति का भान ना, आयु कम ज्ञान ना
पुष्प-सी बालिका
पुष्प अर्पण किया, साफ़ दर्पण किया
जिसके हैं ये चलन
काठ के ढेर से, तीसरे पहर से
चीख़ निकली करुण!

पीड़ भी न्यून हो, भय से पग ना रुके
यत्न पूरा किया
कुछ पता ना चले, होश में ना रहे
दे धतूरा दिया

चीख़ने जब लगे, ढोल-ताशे बजे
हो ध्वनि का दमन
काठ के ढेर से, तीसरे पहर से
चीख़ निकली करुण!

अपनी मृत्यु उसे, जब दिखी सामने
था रुदन ही रुदन
खींचकर बाँह से, अग्नि को दे दिया
थी जलन ही जलन
धर्म के ठेकेदार, बोले सौभाग्य है
ऐसा जीवन सगुण
काठ के ढेर से, तीसरे पहर से
चीख़ निकली करुण!

बोलते सब हैं ये, था घृणा का विषय
ये व्यथा अब नहीं
बात इतिहास की, बात संत्रास की
ये प्रथा अब नहीं
ये कहानी नहीं, ये पुराणों के है
अक्षरों में अरुण
काठ के ढेर से, तीसरे पहर से
चीख़ निकली करुण!

अरुण - सुर्ख़लाल

रवायत

रवायत के बिना हर गाँव सूना
रवायत का जहाँ पर भाव दूना
भले हैवान हों लेकिन बड़े हों
रवायत है सभी के पाँव छूना

रवायत है कि बच्चों को सिखाओ
रवायत है कि सब अच्छा दिखाओ
ग़लत जो कुछ हमारे बीच ज़िंदा
रवायत है वहाँ पर्दा गिराओ

रवायत वसुधा को परिवार कहना
रवायत ख़ुद को फिर मुख़्तार कहना
न बिकती कौड़ियों में भी जो बाहर
रवायत रीत को दस्तार कहना

रवायत जन्म को ही ज़ात कहना
रवायत ज़ात को औक़ात कहना
धरम के ज्ञान से रिश्ता नहीं पर
रवायत को हमें है शास्त्र कहना

रवायत थी जहाँ विधवा जलाना
रवायत है जहाँ बच्चे बियाहना

वहीं बे-आबरू होती है बहनें
रवायत हैं जहाँ राखी मनाना

रवायत है कि तुम बेटी पढ़ाओ
रवायत है बराबर हक़ दिलाओ
किसी को हर्ज मत होने दो पहले
रवायत फिर पराया धन बनाओ

रवायत है जहाँ दुल्हन फ़रोशी
जहाँ कमज़ोर का मतलब है दोषी
जहाँ जम्हूरियत काग़ज़ की हद तक
रवायत हैं जहाँ पर ताजपोशी

रवायत काली को शक्ति बताना
रवायत मीरा को देवी बनाना
वहीं आज़ाद औरत होती कुल्टा
रवायत है रवायत भूल जाना

रवायत हमसे अब ज़िंदा नहीं है
रवायत से यहाँ ज़िंदा सभी हैं
अलग जो भी जहाँ से देख लेते
रवायत उनमें हमने ठूँस दी है

रवायत के बने घुंघरू पहनकर
वतन ये रक़्स करता जा रहा है
तरक़्क़ी से बहुत परहेज़ इसको
भरम में वक़्त कटता जा रहा है

रवायत पहले से ही शाप थीं जो
इज़ाफ़े और कितने हो गए हैं
बढ़ी जितनी यहाँ बेरोज़गारी
धरम रक्षक भी उतने हो गए हैं

हमारा मुल्क जिनसे चल रहा था
हमारा मुल्क जिनसे चल रहा है
रवायत तोड़ने वाले थे या तो
रवायत से कोई रिश्ता नहीं था

वतन का हाशिया वो बन गए हैं
दबी आवाज़ है लब काँपते हैं
रवायत से अलग जो है कुचल दो
रवायत ये नई अब हो गई है

रवायत की क़यामत हो गई है
रवायत ही रवायत हो गई है
अभी तो ये जहालत हो गई है
रवायत से सियासत हो गई है

दस्तार - पगड़ी। रक़्स - नृत्य

भाग 3

क्रंदन

तांडव स्तोत्र लिखूँगा

गुस्सा और आक्रोश लिखूँगा
अग्नि का उद्‌बोध लिखूँगा
झूठे समाज की झूठन पर
मैं शब्दों का प्रतिरोध लिखूँगा
इक दिन तांडव स्तोत्र लिखूँगा...

शब्द हैं कच्चे अनुभव कम है
भाव भंगिमा भी मध्यम है
मन में विचार हज़ार उबलते
अभिव्यक्ति का स्तर दोयम है
गति समय की देख रहा हूँ
ख़ून से आँखें सेक रहा हूँ
अपने ही नसों की ज्वाला को
अपने ही तन से लेप रहा हूँ
शिव कंठ विषैला शांत करे
जब ऐसी सुधा मिल जाएगी
तो शीतल कर अंतर्मन अपना
बाहर अपना रोष लिखूँगा
पीड़ जनित आक्रोश लिखूँगा
इक दिन तांडव स्तोत्र लिखूँगा...

जो कहना चाहूँ शब्द भी वैसे

चोट भी वैसी घाव भी वैसा
जैसी चाहूँ वैसी लय हो
पैदा कर दूँ भाव भी वैसा
अलंकार भी इच्छा के हों
छंद-यति भी इच्छा की
इक दिन ऐसा कुछ लिख दूँ
कि काल-गति भी इच्छा की
शीश स्वयं का अर्पण कर दूँ
रूद्र-राग-सा गर्जन कर दूँ
विध्वंसों में जब पल जाऊँ
आँख तीसरी-सा जल जाऊँ
उस दिन अपना क्रोध लिखूँगा
इक दिन तांडव स्तोत्र लिखूँगा...

अमरत्व जो कविवर पाते
उनकी व्यथा निरंतर रोती है
स्वयं धरा की धूल बनें
कविता अगम अगोचर होती है

मधुशाला की मस्ती में तुम
बच्चन का अनुनाद सुनो
या फिर रश्मिरथी-मुख से
तुम दिनकर का संवाद सुनो
भाव समर्पण क्या होता
मीरा के दोहे बतलाते और
आज़ादी की व्यथा बताती
मंटो की आवाज़ सुनो
दुर्भावों के सम्मोहन पर

मधुरागों की धूनी रमा दूँ
शब्द मिला के भस्म जगा दूँ
उस दिन मैं प्रतिशोध लिखूँगा
इक दिन तांडव स्तोत्र लिखूँगा...

चीख़ने वाली बात हो कोई
उस पर हास्य आखेट करे
कभी कोई सादा-सा क़िस्सा
दूर क्षितिज तक चोट करे
मूक भाव भी भर जाए
जब रक्त भरी हुंकारों से
या बस शून्य-सिफ़र निकले
जब अंदर के अंगारों से
कोई चाँद गगन का दागी हो
और निशा-निमंत्रण मुझे मिले
तो अधरों का स्पंदन लेकर
अंतर का अनुरोध लिखूँगा
इक दिन तांडव स्तोत्र लिखूँगा...

स्वयंभू

राग से बैराग लेकर मैं स्वयं में खो गया हूँ
भावनाएँ जो सताती थीं उसी पथ को गया हूँ
ना मेरे पीछे कोई उन्माद ना संताप भेजो
हर दिशा में तुम बता दो मैं स्वयंभू हो गया हूँ

आर बिखरे पार बिखरे श्वेतवर्णी ज्वार बिखरे
टूटते रिश्ते सभी ज्यूँ मोतियों का हार बिखरे
आन टकराए धरा से प्रतिध्वनि का शोर गूँजे
शोर की झंकार से रूठे हृदय के तार बिखरे
जो बना भी था नहीं वो भी बिखरने जब लगा
टीस भरके मन में उसकी मैं उसी में खो गया हूँ
हर दिशा में तुम बता दो मैं स्वयंभू हो गया हूँ

योग्यता से योग है उपमेय से उपमान मिलता
दिन के हारे यात्रियों को रात का वरदान मिलता
रात जिसकी रात केवल बिन दिवस की हो चिरंतन
आँख ख़ुद से ना मिले सारे जगत से मान मिलता
औषधि मिलती नहीं अब मुझको अपनी पीड़ की
अश्रुओं से रक्त से मैं घाव अपने धो गया हूँ
हर दिशा में तुम बता दो मैं स्वयंभू हो गया हूँ

टूटता है बाँध कोई प्राण पर आघात जैसे

या करुण स्वर दे सुनाई ख़ुद से लिपटी रात जैसे
आख़िरी आघात से तो अंत होता पीड़ का बस
घाव हर इक चोट देती उँगलियों की छाप जैसे
एक सीमा लाँघ लो जब दर्द भी तब हास्य लगता
वेदना की रात काली हँसते-हँसते सो गया हूँ
हर दिशा में तुम बता दो मैं स्वयंभू हो गया हूँ

आज मुझको ना मिला कल क्या पता मेरा बने वो
भाव के आँगन में बैठे शब्द सारे अनसुने वो
छीन कर लेना ना सीखा माँगना जग में निरर्थक
टूट जाते नींद में ही स्वप्न मन में थे बुने जो
क्या पता मस्तक में मेरे शून्य से उठना लिखा हो
कामना के खेत में मैं बीज अपना बो गया हूँ
हर दिशा में तुम बता दो मैं स्वयंभू हो गया हूँ

यज्ञ-घाट

वो यज्ञ हो या घाट हो
वो वीर की ही बाट हो
हो शस्य श्यामला मृदंग
तुणीर की कपाट हो
    वो दीप जो कि जल रहा
    वो रात भर विकल रहा
    जगत को दे के रौशनी
    तमस में स्वयं पल रहा
ज्वलंत जो मशाल है
कराल भाल लाल है
विरोध का प्रतीक है
जो जल चुका कपाल है
    वो लक्ष्य जो कि अनवरत
    प्रयास से ही प्राप्त हो
    वही जगत में साध्य है
    ये सार तुमको ज्ञात हो
    वो सिंधु का उफान हो
    समुद्र का या तीर हो
    परास्त होगी हर व्यथा
    हृदय जो ना अधीर हो
हो वीर-सा प्रताप जब
चरित्र का भी साथ हो

तिलक लगे जो ज्ञान का
विजय का शंखनाद हो
        वो रक्त की हो आहुति
        या वेदी अश्वमेध की
        है जीत तुमको माँगती
        है आँख तुमको देखती
जला दो हर कपाल पर
उमंग की मशाल को
जो जल मरा सो जल मरा
दलन-दहन विशाल हो
        ना मेरी अग्नि व्यर्थ है
        जो तुम रुदन का राग हो
        सहन करोगे पाप को
        तो पाप का ही भाग हो
युगों-युगों से जी रहा
युगों-युगों से मर रहा
तू नियमों को बुन रहा
तू सभ्यता को चुन रहा
        क्षणिक है तेरी जीवनी
        है योगदान सूक्ष्म पर
        बुलंद तेरी साख हो
        वो यज्ञ हो या घाट हो
        वो वीर की ही बाट हो
        हो शस्य श्यामला मृदंग
        तुणीर की कपाट हो

शस्य - हरा। श्यामल - सांवला। तुणीर - तरकश। कपाट - द्वार

कराल - भयानक

ऑपरेशन थिएटर

कण-कण उस कक्ष का था रक्त से सना हुआ
क्षण-क्षण उस वक़्त का था भक्ष से बना हुआ
माँस के कुछ लोथड़ों से लिप्त हर दीवार थी
चीख़ और चीत्कार जिसकी नींव का आधार थी
मृत्यु का इक राग ही था हर किसी की जीभ पर
काल तांडव कर रहा था जीव और निर्जीव पर

श्वान काले भौंकते थे सैकड़ों बाज़ार में
गिद्ध भी थे झाँकते मनुष्य के आकार में
नोच लेंगे माँस उसका जो मरा मिल जाएगा
या उठाकर फेंक देंगे मौत के दरबार में

रात थी वो स्याह काली घोर तपती धूप में
चेहरे थे चांडाल के कुछ सर्जनों के रूप में
पास उनके क़त्ल का हर एक वो औज़ार था
रूप जिसका था घिनौना, तर्क हर बेकार था
साथ उनके वो अँधेरा सूर्य तक आहार था

एक का आदेश था और एक कैंची चल गई
सूक्ष्म निष्ठुर देह अजन्मी, अपने लहू में घुल गई
गोद माँ की गर्भ जो, वसुंधरा का केंद्र थी
आहुति तन की मिली तो लाल सिंदूरी धुल गई

काल को दुत्कार कर नर श्रेष्ठ से अधम हुआ
क़तरा-क़तरा जल मरा जब कृत्य ये निर्मम हुआ
वो हिल रही थी, डुल रही थी
एक कोशिश कर रही थी
गर्भ से था प्यार उसको, गर्भ में ही मर रही थी

और निकला योनि से फिर माँस का एक लोथड़ा
लहूलुहान हाथ-पैर और रक्तरंजित खोपड़ा
पाप भीषण आ गया था मनुजता के भाग में
स्वर्ग सारा काँपता था एक रुदन के राग में
काली व्याकुल हो गईं सुन दैत्य की ललकार को
खड्ग धारण कर लिया संसार के संहार को

रुक गईं फिर देखकर वात्सल्य को उल्लास को
क्रोध की अपनी बलि दी जीव की हर श्वास को
आड़ में अच्छाईयों के तम ने उम्र गुज़ार दी
आज उस इंसान ने फिर एक बेटी मार दी
फिर एक बेटी मार दी...

सिखाना व्यर्थ है

सिखाना व्यर्थ है निज पर नियंत्रण सीख जाएँगे
घृणा अवसाद देती है समर्पण सीख जाएँगे

विरोधी स्वर में उठती चंद ध्वनियों के अलावा सब
हृदय से रिक्त हो मुख से समर्थन सीख जाएँगे

क्षुधा के सामने संकीर्णता का मूल्य कितना है
तृषा के द्वार नीति का विसर्जन सीख जाएँगे

स्वयं इतिहास के सूरज के रक्षक की उपाधि ले
ये आदर्शों के खंडहर का संरक्षण सीख जाएँगे

यही वो भीड़ है संभावना जिसमें असीमित है
सिखाओगे तो हत्या का प्रदर्शन सीख जाएँगे

कहीं अधिकार मिल जाए किसी निर्णय को लेने का
अधम व्यक्तित्व का हर गुण विलक्षण सीख जाएँगे

सत्य है!

शांति का अवसान होना सत्य है
युद्ध का आह्वान होना सत्य है
बाण तेरा भेद सकता है क्षितिज
ये तेरा अनुमान बिलकुल सत्य है
सत्य का माना तुझे संज्ञान है
सत्य से मुख मोड़ लेना सत्य है
शौर्य का अपमान सहना सत्य है
हार ख़ुद की मान लेना सत्य है!

सत्य है कि अनगिनत अभिव्यक्तियों के बीज बोकर
भावना से शून्य हो जाना जगत के बीच होकर
शब्द के होते हुए भी शांत हो जाना
स्पष्टता होते हुए भी भ्रांत हो जाना
ज़िंदगी को शाप कह जीते हुए
मृत्यु से वरदान लेना सत्य है
हार ख़ुद की मान लेना सत्य है!

सत्य है सब जान लेना पीड़ भी उपचार भी पर
देखना लोगों को देते प्राण का उपहार भी पर
उन सभी में नाम अपना दर्ज ना करना
सीस अपना फेर लेना हर्ज़ ना करना
योग्यता होते हुए भी वीर का

कायरों में नाम होना सत्य है
हार ख़ुद की मान लेना सत्य है!

योग्यता केवल निमित्त है चेतना का मूल्य उत्तम
चेतना से हीन सृष्टि मरघटों के तुल्य निर्मम
ईश के वरदान का अपमान कर देना
शान से जीना हृदय शमशान कर देना
ज्ञान के विज्ञान के होते हुए
मौन का संज्ञान लेना सत्य है
हार ख़ुद की मान लेना सत्य है!

यूँ अकेली जान का अस्तित्व है शायद निरर्थक
बन गए कितने यहाँ पर अपने शत्रु के समर्थक
मौन रहना भी है मानो साथ में रहना
क्रूरता करना गुनाह है क्रूरता सहना
व्याध की पहचान है सबको यहाँ
हीन ख़ुद को जान लेना सत्य है
हार ख़ुद की मान लेना सत्य है!

पदचिह्न लिखें इतिहास

धरती पे धनुर्धर आए हैं गिनती के अपने श्वास लिखा
उनके पौरुष की सीमा है उस सीमा पर आकाश लिखा
जब आने वाली पीढ़ी तुमसे पूछेगी तो कहना तुम
पदचिह्न लिखें इतिहास उन्हीं के मस्तक पर संत्रास लिखा

हर स्वप्न हमारा परवश था विच्छिन्न नींद में सोना था
उस राह पे चलते जाते तो पदचिह्न ज़रूरी खोना था
नित हार-हार बस बार-बार जब सीमा का संहार हुआ
अनुरक्त रहे जीवन भर जो उद्विग्न उन्हीं को होना था
ये पाँव मेरे जो अनदेखे रस्तों पर चल ना पाते थे
उस वन को चले जिनके वृक्षों के वल्कल पर बनवास लिखा
पदचिह्न लिखें इतिहास उन्हीं के मस्तक पर संत्रास लिखा

ऐश्वर्य मात्र मिल जाने से सम्मान नहीं मिल जाता है
कुछ प्रश्नों का उत्तर देकर संज्ञान नहीं मिल जाता है
जब मर जाती है अभिलाषा तो रह जाते हैं समझौते
उन समझौतों पर जीने से निर्वाण नहीं मिल जाता है
है यक्ष बना जो प्रश्न खड़ा उत्तर अनुचित तो मृत्यु है
जो मर जाते वो भी जीते पर श्वासों पर अवकाश लिखा
पदचिह्न लिखें इतिहास उन्हीं के मस्तक पर संत्रास लिखा

इस उच्छृंखल मन को प्रवाह उद्दाम तुझी को देना है

जो तुझको व्यर्थ प्रलोभन दे विश्राम तुझी को देना है
ये कर्मकांड भी तेरे हैं अधिकार तेरे कर्तव्य तेरे
ये तेरी अग्नि परीक्षा है परिणाम तुझी को देना है
सब साधन हैं तेरे सम्मुख सब बाधाएँ भी तेरी हैं
सारंग लिखा अंतर्मन में और बाहू पर विश्वास लिखा
पदचिह्न लिखें इतिहास उन्हीं के मस्तक पर संत्रास लिखा

प्रतिकूल समय से डर जाए उस जीवन का कुछ मूल नहीं
अनुकूल समय की आशा कर बैठे रहने की भूल नहीं
बाधा को बाधा रहने दो बाधा विपदा बन जाती है
बाधाएँ तेरी शोभा हैं बाधाएँ पथ का शूल नहीं
तपती गर्मी तपती सर्दी जीवन को जीवन करती हैं
वो जीवन भी क्या जीवन है जिसमें केवल मधुमास लिखा
पदचिह्न लिखें इतिहास उन्हीं के मस्तक पर संत्रास लिखा

घरौंदा

बनाया गीली मिट्टी से चिड़ी ने इक घरौंदा था
क़दम मग़रूर थे तेरे उन्हीं से तूने रौंदा था
सुने थे मैंने बचपन में परी के हूरों के क़िस्से
मगर तक़सीम में आई सदा दहशत मेरे हिस्से

था माँ के प्यार का आदी मुझे लोरी सुनाती थी
बदन से रूह तक मेरे भलाई गुनगुनाती थी
जो हर बच्चे का हक़ तूने वही कितनों से है छीना
कभी पूछा नहीं उनसे पड़ा कैसे उन्हें जीना

ख़ुशी से मुस्कुराहट से बहुत घर दूर था मेरा
कहीं पर ख़ौफ़ था ग़ुस्सा कहीं दस्तूर था मेरा
जहाँ देती सुनाई थीं कभी चिड़ियों की परवाज़ें
उसी आकाश में मुझको मिली गोली की आवाज़ें

वही गोली जिसे एक दिन मेरे घर पर भी होना था
वही गोली जिसे खाकर मेरे बाबा को सोना था
मुझे रोना नहीं आता था तब से भागता हूँ मैं
मुझे सोना नहीं आता था तब से जागता हूँ मैं

मुझे तो जोड़कर तिनकों से कच्चा घर बनाना था
लगाई आग तुमने थी उसे हर घर जलाना था

धुआँ ये देखकर क्यों शर्म से होते हो शर्मिंदा
जहाँ से ये धुआँ उठता मैं उस बस्ती का बाशिंदा

वही बस्ती जहाँ सब मुतमइन ख़ुश-जान रहते थे
गिराए बम जहाँ तुमने वहाँ इंसान रहते थे
वहाँ बच्चे भी थे बूढ़े भी थे औरत भी ज़िंदा थी
जहाँ अब लोग क़ैदी हैं वहाँ ख़्वाहिश परिंदा थी

सिखाई जब मुझे नफ़रत पढ़ाई जब मुझे नफ़रत
कहाँ से जाग जाएगी किसी भी चीज़ की चाहत
मेरा बचपन वहाँ तक था मेरी अम्मी जहाँ तक थीं
जहाँ तक इल्म था उनका मेरी अज़्मत वहाँ तक थी

बचा बस ख़ौफ़ है इतना जो हद के पार हो जाए
जहाँ सारी दवा इंसान पर बेकार हो जाए
कभी ये चश्म थे पुर-आब दहशत के शनासाई
बची बस सुर्ख़ एक आतिश जो नफ़रत की है परछाई

चश्म - आँख। पुर-आब - अश्रुपूरित। शनासाई – पहचान रखने वाले।
आतिश - आग

अनहद-अनहद बोल रे साधो!

तान खींच ले तानपुरे की
बंसी में रस घोल रे साधो!
दे मृदंग पर ताल दादरा
वीणा का स्वर खोल रे साधो!
अनहद-अनहद बोल रे साधो!

बात ज़ुबाँ पर कब से अटकी
तीन लोक के अधर में लटकी
बरसों बरस है चलती जाती
युग से युग का मेल कराती
अर्धसत्य है ढोंग है आधा
कभी नहीं था आज से ज़्यादा
कलयुग के काले पन्नों पर
तथ्य हैं डाँवाडोल रे साधो!
अनहद-अनहद बोल रे साधो!

भांति-भांति से गढ़ा हुआ है
परत-परत कर चढ़ा हुआ है
रंग-रंग में रंगा हुआ है
दीवारों पर टँगा हुआ है
सच के ऊपर झूठ की परतें
एक-एक कर खोल रे साधो

अनहद-अनहद बोल रे साधो!

बोल दे सब कुछ बिन आशा के
बिन तिश्ना के अभिलाषा के
बोलने वाले बोल गए हैं
बिन शब्दों के बिन भाषा के
तुझको तो वाणी का वर है
वाणी का ना मोल रे साधो!
अनहद-अनहद बोल रे साधो!

ना डर के तू खड़ा अकेला
खोल दे सारंग देख ना बेला
पहला है तू ना है अंतिम
समय दे सच को लगेगा मेला
क्षीण-सा स्वर भी घायल कर दे
गूँगे लगते ढोल रे साधो
अनहद-अनहद बोल रे साधो!

बीच जगत में तुझको रहना
इंसानों की पीड़ को सहना
मर्म समय का चुन शब्दों की
बुन के माला काव्य में कहना
आज की कविता कल का दर्शन
समय का चक्का गोल रे साधो!
अनहद-अनहद बोल रे साधो!

लालसा

तान छेड़ी पावकों ने आँधियाँ सँभल उठीं
क्षोभ में जो क़ैद थीं वो शक्तियाँ मचल उठीं
दीप भी था तेल भी था पात्र भी था अगन भी
एक ज्वाला जो जगी तो पंक्तियाँ ही जल उठीं

शूल है त्रिशूल में
मनुज धरा की धूल में
है किंतु उसकी भूल ये
कहे जगत का मूल मैं
ये चित्र भी विचित्र है
तू सदियों से दरिद्र है
है तुझको पर ये भान ना
वो शत्रु है या मित्र है
ललाट पर दे ज़ोर सोच
क्या कहे समझ तेरी
मृत्यु तो है मित्र बंधु
शत्रु है तमस तेरी
तन में है तमस भरी
मन में है तमस भरी
भरा है झूठ सत्य में
रुदन में है तमस भरी
तू भाँग-भाँग देखता है

भाँग-भाँग खेलता
है शिव तृतीय नेत्र से
तू स्वांग-स्वांग खेलता
ये खेल भी था खेलना
तुझे दिशा दे पाप को
तू चेतना की सारी सीमा
लाँघ-लाँघ खेलता

खौलती हुई नसों में रक्त बहना लाज़मी
रक्त ले लो माँस-हड्डी रक्त भर दो आदमी
रक्त के है साथ काया पीड़ सहती जा रही
रक्त के प्रवाह में तमस भी बहती जा रही

तमस की बहती धार में
ये डूब जाता नर अधम
तो स्वाह-स्वाह-स्वाह सब
आलस्य करता सब ख़तम
तमस में स्वांग भस्म है
जो जल गई वो राख है
वो राख ले कपाल पर
ये डमरुओं का नाद है
डमक-डमक-डमक-डमक
है नाद फिर ये गूँजता
घृणा-घृणा है हर दिशा
तू आँख क्यों है मूँदता
बभम-बभम-बभम-बभम
बजे मृदंग ढोल से
जो काल के कपाल के

रहस्य सारे खोल दे
यम ने भेजा श्वान काला
घ्राण ग्रंथी तेज़ है
जले है जीव काठ-सा
बने चिता ही सेज है
ये हार का है क्रोध जो
तू मृत्यु पर उतार मत
तमस में जल के मर गया
था ले रहा तू श्वास बस

लाल तेरी धमनियों से रक्त सारा खींचकर
पूजता कपाल मस्तकों को लाल सींचकर
दम भरे तो बम कहे भभक-भभक भभूत मल
काला अश्व काल का लगाम उसकी खींचकर

घोर है अघोर है
ये डमरुओं का शोर है
मिला के सब भसम करे
ये चीख़ चारों ओर है
धधक-धधक-धधक-धधक
सुलगती अग्नि स्वेद की
युगों-युगों में भेद क्या
विनाश भी है वेद भी
विनाश ही विनाश है
ये काल का ही पाश है
ये जीव-जंतु हैं क्षणिक
ये यम की झूठी आस है
जो ख़ास है वो पास है

क्यों फिर भी मन उदास है
तू मानवों को छोड़
देख इंद्र भी निराश है
धमनियों में विष भरा
है रक्त सारा बह गया
है सज्जनों ने ली समाधि
पाप-पाप रह गया
विष जगत में भोग है तू
किल्विषों का ग्रास है
रक्त बिन हृदय भी क्या है
पेशियाँ है माँस है

है लिखा अनंत देख दिख रहा जो आठ-सा
देख तेरा है वजूद जल रहा जो काठ-सा
चली ये कबसे आ रही है जीने-मरने की प्रथा
कि मर चुके हैं जीव सारे जी रही है लालसा

स्वेद - पसीना। किल्विष - अपराध

भाग 4

चंदन

(नज़्म और गीत)

मरियम

सुनो मरियम मेरी मरियम
तुम्हारी बेहयाई के
तुम्हारी ख़ुद-कफ़ीली के
तुम्हारी तल्ख़ बातों के
तुम्हारे नर्म लहजे के
ज़माने भर में चर्चे हैं
मगर होने भी लाज़िम हैं
जवाँ उनवान हो जिसका
रवाँ पहचान ही जिसकी
तुम उस दरिया-सी बहती हो
अलग किरदार रखती हो
मगर किरदार रखती हो

तुम्हें मैं रोक के रक्खूँ
मुझे ये लोग कहते हैं
मेरा दीवान जैसे है
उसी तरह तुम्हें देखूँ
मेरा सामान थोड़ी हो
कोई सामान थोड़ी हो
ये कहने का सलीक़ा है
किसी की जान थोड़ी हो

कोई सामान थोड़ी हो

तुम्हारे जिस्म की लज़्ज़त
तुम्हारी रूह की ख़ुशबू
सभी पे हक़ तुम्हारा है
कोई हाफ़िज़ तुम्हारा हो
कोई मालिक तुम्हारा हो
ये बातें बे-तुकी-सी हैं
मगर तुम म'आशरे की
तल्ख़ियाँ बर्दाश्त करती हो
सभी की सुन भी लेती हो
किसी को कुछ ना कहती हो
मुझे अफ़सोस होता है

तुम्हें आवाज़ देनी है
तुम्हें नाराज़ होना है
किसी से दूर होना है
या किसके पास होना है
किसी से राब्ता कब तक
किसी से राब्ता कितना
तुम्हीं को फ़ैसला करना
तुम्हीं मुख़्तार हो ख़ुद की
तुम्हीं आधार हो ख़ुद का
पता तुमको भी है शायद
मुझे ताईद करनी थी

मुझे सिमरन कराना था

नदी रुकती है क्या कोई
नदी का काम है बहना
सुनो मरियम मेरी मरियम
तुम्हें इतना था बस कहना

ख़ुद-कफ़ीली - आत्मनिर्भरता। उनवान- शीर्षक। हाफ़िज़ - रक्षक। म'आशरा - समाज। ताईद - समर्थन

ज़ुबैदा

कोई अशफ़ाक़ को बोलो
ज़ुबैदा वो नहीं है जो
तुम्हारी दौलतों के ज़र्फ़
पर क़ुर्बान जाएगी
तुम्हारी बाज़ुओं का ज़ोर
उसे दिलकश नहीं लगता
तुम्हारे पास आएगी
तो तुमको जान पाएगी

तुम उससे बात जब करना
उसी से बात तुम करना
अँधेरी रात में तन्हा
कोई खोई हुई लड़की
ज़ुबैदा वो नहीं बस
ज़ुबैदा और कुछ भी है
तुम्हें उस तक पहुँचना है

उसे अपनी बनाई वुस'अतों
में क़ैद कर लोगे
तभी आज़ाद होगी वो
तभी आज़ाद होगे तुम
कोई अशफ़ाक़ को बोलो

कि उसको ज़र में ना तोले
तभी ज़रख़ेज़ होगा इश्क़

ज़र्फ़– container/capacity । ज़र - स्वर्ण

शरीक-ए-दिल

शरीक-ए-दिल, शरीक-ए-जाँ
मेरी हस्ती का हो हिस्सा
तुम्हें अब क्या बताऊँ मैं
जो सारा दिन तुम अपने
काम में मसरूफ़ रहती हो
नीयत को साफ़ रखती हो
ज़बाँ से साफ़ कहती हो
तो कितना नाज़ होता है

उरूज-ए-उम्र, उरूज-ए-फ़न
उमड़ता-सा कोई उपबन
खुला रास्ता हुनर तालीम
और उसपे ख़ुदनवाज़ी उफ़्फ़
सभी तो है तुम्हारे पास
तुम्हें मैं क्या भला दूँगा
तुम्हीं मुझको बता दो ये
मैं तुमको क्या बना दूँगा

सलासिल तोड़कर तुमको
हमेशा शाद रहना है
किसी के साथ रहना है
मगर आज़ाद रहना है

ये तुमने कह दिया जबसे
तभी से बँध गया हूँ मैं
शरीक-ए-दिल, शरीक-ए-जाँ
तुम्हारा बन गया हूँ मैं

उरूज – बढ़ता हुआ (आरोही)। सलासिल - सलाखें। शाद - ख़ुश

नैन तुमसे

रुक गए जब ज़िंदगी के क़ाफ़िले
चल दिए फिर हसरतों के सिलसिले
क्या करूँ मैं तब्सिरा ये क्यों हुआ
नैन तुमसे जा मिले तो जा मिले

जिस्म को थी फ़िक्र अपनी प्यास की
रूह को थी क़ैफ़ियत एहसास की
आँधियों में बुझ ना पाया जो दीया
ये कहानी उस चराग़-ए-ख़ास की

वस्ल है बस मुख़्तसर एक शब का नाम
जो फ़िराक़-ए-यार की ज़द में पले
नैन तुमसे जा मिले तो जा मिले

ऐ मिरे एहसास के अहल-ए-सफ़र
संग तेरे मैं नहीं तो क्या हुआ
है तुझी से बस मेरी वाबस्तगी
रम्ज़ ही चाहे रहेगा दरमियाँ

और कुछ देने को है बाक़ी नहीं
नाम तेरे ज़िंदगानी कर चले
नैन तुमसे जा मिले तो जा मिले

ख़ुद-कफ़ीली को ख़ुद ही की मारकर
खो गया तुझ में ख़ुद ही से हारकर
तब कहीं जाकर दिखा साहिल मुझे
जब रखा मैंने क़दम मझधार पर

हार का आज़ाद-सा किरदार है
जीत की पाबंदियों में क्यों चले
नैन तुमसे जा मिले तो जा मिले

मुख़्तसर - छोटा। रम्ज़ - राज़। वस्ल - मिलन। फ़िराक - जुदाई

अधिकार जहाँ है

बिन रोग लगे उपचार कहाँ
बिन सावन के मल्हार कहाँ
जो साथ रहें तो बात बने
एकाकी का अभिसार कहाँ
तुझपर मैं भारी हो जाऊँ
मुझ पर तू भारी हो जाए
ऐसी कोई दरकार कहाँ
अधिकार जहाँ है प्यार कहाँ

मन मगन रहे तेरी सुध में
तन अगन जगे तेरी सुध में
जागे नैना जग देखा करें
अस्तित्व रहे मेरा तुझ में
कितना भी हो विस्तार मेरा
तुझमें रहता आधार मेरा
बिन पायल के झंकार कहाँ
अधिकार जहाँ है प्यार कहाँ

तेरी हद क्या मेरी हद क्या
तुझमें मुझमें हो सरहद क्या
तेरा घर हो मेरा बाहर
निर्धारित ऐसी भी ज़िद क्या

जो बँट जाएँ हम आपस में
फिर हम दोनों की संगत में
संवाद का हो आसार कहाँ
अधिकार जहाँ है प्यार कहाँ

इक ओर समर्पण था केवल
इक ओर नयन पाषाण रहे
इक ओर तो गंगा बहती थी
इक ओर अधर निष्प्राण रहे
इक ओर जला दीपक-सा मन
दूजे ने समझा बस बंधन
संबंधों में संसार कहाँ
अधिकार जहाँ है प्यार कहाँ

तीर जमना के

तन से होके परे मन की लागै लगन
श्वास पे हो सृजन हों किशन सामने
तीर जमना के बैठे रहे दो नयन
राधिका का स्वपन हों किशन सामने

जन्मदाता न माता न बंधु सखा
जो निभाना पड़े ऐसा रिश्ता ही क्या
मानना ही नहीं तो पराये हैं सब
है रुधिर एक-सा मान लो सब सगा

प्रेम की थी बटी नाम वृंदा का वन
थाह जिनके चरन हो किशन सामने
तीर जमना के...

श्याम तेरे बिना शाम ही शाम है
है उजाला नहीं धूप गुमनाम है
जो कहीं दिख भी जाती है मुझको सुबह
रात भर की विकल ढूँढ़े विश्राम है

देख सदियों से धूमिल ये व्याकुल किरन
आज बरसें गगन हों किशन सामने
तीर जमना के...

आपके रूप की बस छबी रह गई
प्रेम के नाम पर बेसुधी रह गई
क्या कहूँ आप जीवन से जबसे गए
सार मिटता बस स्मृति रह गई

सैकड़ों सर्पदंशों के जैसी चुभन
ऐसी बिरहा अगन हों किशन सामने
तीर जमना के...